Ferdinand von Schirach
Alexander Kluge

# TROTZDEM

W0471265

Ferdinand von Schirach
Alexander Kluge

# TROTZDEM

Luchterhand

*Aschenbach hatte es einmal an wenig sichtbarer Stelle unmittelbar ausgesprochen, daß beinahe alles Große, was dastehe, als ein Trotzdem dastehe, trotz Kummer und Qual, Armut, Verlassenheit, Körperschwäche, Laster, Leidenschaft und tausend Hemmnissen zustande gekommen sei. Aber das war mehr als eine Bemerkung, es war eine Erfahrung, war geradezu die Formel seines Lebens …*

Thomas Mann, »Der Tod in Venedig«

*Am 30. März 2020, 19 Tage nachdem die Weltgesundheitsorganisation (WHO) die Ausbreitung eines neuartigen Coronavirus (SARS-CoV-2) zu einer Pandemie erklärt hatte, führten Alexander Kluge (München) und Ferdinand von Schirach (Berlin) zwei Gespräche über einen Instant-Messaging-Dienst.*

München und Berlin,
Montag, der 30.03.2020
– vormittags –

*KLUGE*

Ein Mann in Wuhan, einer Stadt in der Hubei-Provinz in China, verzehrt ein Schuppentier oder eine Fledermaus. So springt das Virus auf den Menschen über.

*SCHIRACH*

Vermutlich auf einem »wet market«, also einem »feuchten« oder »nassen Markt«. Das sind traditionelle Märkte, auf denen Tiere frisch geschlachtet werden: Schlangen, Ratten, Schildkröten, Igel, Otter und so weiter. Oder eben auch Schuppentiere. Der Begriff »nasser Markt« kommt übrigens nicht vom Blut oder dem organischen Material, sondern daher, dass der Boden immer nass ist. Die Fische, Vögel und Wildtiere werden mit dünnen Gummischläuchen abgespritzt, damit sie frisch aussehen. Eis, mit dem die Händler ihre Ware kühlen, tropft zu Boden. Wenn dann die Luft warm ist, dampft der Markt fast. Natürlich erhöhen die schlechten hygienischen Bedingungen die Gefahr für die Verbreitung von Krankheiten. Andererseits: Es ist gar nicht sicher, ob das Virus durch den *Verzehr* eines Tieres übertragen wurde. Die Fledermaus scheidet wohl aus, zwischen ihren Viren und dem heutigen Sars-CoV-2 sollen etwa 1.000 Mutationen liegen. Das Schuppentier ist als Überträger wahrscheinlicher, aber auch das ist nicht sicher. Das Einzige, was man weiß: Die Ursache solcher Ansteckungen liegt fast immer in einer zu großen Nähe des Menschen zum Tier, ganz gleich in welcher Region der Welt. Bei der Schweinegrippe 2009 sprang das Virus vom Schwein auf den Menschen über. Ebenso wohl bei der Spanischen Grippe. Sie hatte ihren Anfang 1918, vermutlich in den USA bei einem Bauern auf dem Land in Kansas. Auch dort wurde der Erreger wahrscheinlich vom Schwein übertragen. Am Ende verursachte das Virus 50 Millionen Tote.

*KLUGE*

Immer seltener sind an die Elektronenmikroskope, mit denen Wissenschaftler die Viren direkt untersuchen, Fotoapparate angeschlossen. Um ein Virus zu »sehen« oder zu fotografieren, müsste man es zuvor negativ färben. Meist sehen die Forscher sich Querschnitte des Virus an, es sieht dann aus wie eine halbierte Flasche mit winzigen Fransen. »Der Tennisball mit Tulpen«, den wir als Abbild des Corona-Virus im Fernsehen sehen, ist ein Funktionsbild. Nach Angaben von Forschern haben Künstler dieses Modell gemalt. Ein Virus, das dieses Bild im Spiegel »sähe«, würde sich darin nicht wiedererkennen. Tatsächlich bevorzugen die Viren, ähnlich den Kristallen, eine geometrisch robuste Gestalt. Sie entspricht am ehesten dem fünften unter den fünf platonischen Körpern, welche die Idealgebilde der Regelmäßigkeit verkörpern. Ein schwedischer Forscher bezeichnete die Gestalt als Dodekaeder mit winzigen Fransen (keine Tulpen oder Stulpen). Mit zwanzig Ecken, dreißig Kanten, Flächenwinkel 118 Grad. Diese »Idealform« des Virus verliert sich rasch, wenn es Zellmaterial in sich aufnimmt oder mit sich schleppt. Dann sieht es wie ein »Fetzen« aus, unplatonisch.

*SCHIRACH*

Das Corona-Virus ist in der Lage, mit der Börse umzuspringen. Und es ist klassenlos. Es unterscheidet nicht zwischen den Hautfarben, Geschlechtern, zwischen Alter oder Herkunft und infiziert den Hollywood-Star Tom Hanks oder die Frau des kanadischen Premiers ebenso wie Menschen in Flüchtlingslagern. Reichtum und Macht bieten keinen Schutz vor dem Virus, nur seine Folgen sind ungleich brutaler ohne medizinische Versorgung. Die Armen und Alten sind ihm ausgeliefert, in ärmeren Ländern sterben sie auf Krankenhausfluren und in Behelfslagern. Das Virus zwingt ganze Staaten in die Knie, ob die Regierenden das wollen oder nicht. Manchmal gibt es dabei merkwürdige Zufälle. Am 30. Mai 1918 stirbt ein Deutscher in New York an der Spanischen Grippe. Seine Witwe investiert das Erbe in Grundstücke in Queens. Der Enkel des Deutschen wird der 45. Präsident der Vereinigten Staaten: Donald Trump. Lange glaubt er, das Virus sei ausländisch und deshalb unwichtig. Dann wird auch dort das öffentliche Leben »heruntergefahren«, wie man das heute nennt.

*KLUGE*

Der Shutdown der Gesellschaft.

*SCHIRACH*

Es ist auch ein Shutdown unserer Grundrechte. Stellen Sie sich mal vor, lieber Herr Kluge, wir beide wollten gegen die Ausgangsbeschränkung demonstrieren.

*KLUGE*

Wir würden sagen, sie sei falsch, weil sich – wie in Schweden – die Menschen anstecken und so immunisieren sollen.

*SCHIRACH*

Scheußlich, was wir gerade für Worte lernen: Herdenimmunität, Durchseuchung. Wir wollen also in München auf dem Marienplatz gegen diese Beschränkung demonstrieren.

*KLUGE*

Das könnten wir nicht. Nach der »Bayerischen Verordnung über eine vorläufige Ausgangsbeschränkung anläßlich der Corona-Pandemie« sind »Sport und Bewegung an der frischen Luft, allerdings ausschließlich alleine oder mit Angehörigen des eigenen Hausstandes und ohne jede sonstige Gruppenbildung…« erlaubt. Wir könnten versuchen zu behaupten, wir seien verwandt miteinander. Geistesverwandt.

*SCHIRACH*

Es dürfte schwer werden, einen Polizisten davon zu überzeugen, dass Geistesverwandtschaft das Gleiche ist wie ein gemeinsamer Hausstand. Wir können unser Demonstrationsrecht also nicht mehr ausüben. Wir können uns gegen die Beschränkung nicht mehr mit den Mitteln eines Bürgers wehren.

*KLUGE*

Erlaubt unsere Verfassung das?

*SCHIRACH*

Vereinfacht gesagt muss jede Maßnahme, die Grundrechte einschränkt, verhältnismäßig sein. Das ist sie, wenn sie vier Voraussetzungen erfüllt: Sie muss einen legitimen Zweck verfolgen, geeignet, erforderlich und angemessen sein.

*KLUGE*

Können Sie das ein bisschen näher erläutern?

*SCHIRACH*

Der Zweck, den die Maßnahme verfolgt, muss legitim sein. Sie muss also mit den Werten des Grundgesetzes übereinstimmen.

*KLUGE*

Das Leben von Menschen zu retten ist sicher ein legitimer Zweck.

*SCHIRACH*

Natürlich. Aber jedes Jahr sterben Tausende bei Autounfällen. Das will ein Politiker verhindern. Er schlägt deshalb vor, allen Menschen die Fahrerlaubnis zu entziehen. Sein Ziel – das Leben von Menschen zu schützen – ist legitim.

*KLUGE*

Aber es ist in diesem Fall nicht angemessen.

*SCHIRACH*

Ja. Was die Bekämpfung der Corona-Pandemie angeht, könnten wir sagen, die Ausgangsbeschränkung sei *geeignet*. Das Virus kann damit wohl zunächst eingedämmt werden. Das Problem liegt an anderer Stelle: Ist ein Ausgehverbot überhaupt *erforderlich*? Die Verfassungsrechtler definieren das so: Ein gewähltes Mittel ist dann erforderlich, wenn es keine mildere Maßnahme gibt, die denselben Erfolg mit gleicher Sicherheit erzielt.

*KLUGE*

Darüber sind die Virologen und Epidemiologen uneins.

*SCHIRACH*

Das Wesen der Wissenschaft ist nun einmal der Streit um die bessere Theorie. Wissenschaftliche Theorien müssen widerlegbar sein. Der Philosoph Karl Popper nennt es das »Kriterium der Falsifizierbarkeit«. Eine Theorie kann sehr gut sein, brillant sogar, aber sie ist niemals wahr. Sie ist nur *noch* nicht widerlegt.

*KLUGE*

Nun stellen Sie sich vor, Sie sind Bundeskanzler. Drei Virologen stehen in Ihrem Amtszimmer. Der Erste sagt, wir müssen alles herunterfahren, so wird sich das Virus nicht ausbreiten. Der Zweite behauptet, das sei falsch, möglichst viele Menschen sollten sich infizieren, um eine weitestgehende

Immunisierung der Bevölkerung zu erreichen, sonst wird das Virus wieder zurückkommen. Der Dritte ist sich sicher: Wir müssen beides machen, kurz schließen, dann öffnen, dann wieder schließen – eine Art Stotterbremse für das öffentliche Leben. Alle drei sind Wissenschaftler, jeder von ihnen ist überzeugt, seine Theorie sei richtig. Um die Grundrechte zu beschränken, müssen Sie sich aber als Kanzler sicher sein.

*SCHIRACH*

Es ist wie bei einem Strafrichter. Er weiß nicht, ob der Fingerabdruck auf der Mordwaffe vom Angeklagten stammt. Er hört einen Sachverständigen. Die Daktyloskopie, die Kunde von den Fingerabdrücken, ist eine exakte Wissenschaft. Der Richter kann sich auf die sachverständige Auskunft verlassen. Er kann sie als Grundlage nehmen, um den Angeklagten zu verurteilen.

*KLUGE*

Das kann die Kanzlerin jetzt nicht.

*SCHIRACH*

Es ist schwierig für die Politik und damit den Rechtsstaat. Die Kanzlerin muss in dieser Situation etwas tun, was der Politik fremd ist: Versuch und Irrtum. Ob etwas hilft, kann nur ausprobiert werden. Unsere Grundrechte werden beschränkt, ohne dass jemand sicher sagen kann, ob das sinnvoll ist. Es ist ein Dilemma, weil die Wissenschaft nicht sicher weiß, welche Alternativen funktionieren.

*KLUGE*

Es gibt auch ein Übermaßverbot. So viel Freiheit wie möglich muss erhalten bleiben. Gleichzeitig muss der Staat das Leben schützen.

*SCHIRACH*

Und es kommt noch etwas anderes dazu, was nicht ganz leicht zu verstehen ist: Das Grundgesetz schützt das Leben nicht um jeden Preis. Wenn Sie noch einmal an den Politiker mit den Führerscheinen denken: Tote im Straßenverkehr nehmen wir in Kauf, weil wir wollen, dass Menschen Auto fahren dürfen. Wir setzen das Leben hier also ins Verhältnis zur freien Entfaltung der Persönlichkeit. Oder denken Sie an den Krieg: Wir erlauben Soldaten dort zu töten. Nur die Würde des Menschen bleibt unantastbar. Es geht aber nicht nur um ein Leben in Würde, sondern auch um ein Sterben in Würde. Der Erstickungstod ist schrecklich, er ist grausam und äußerst brutal, der Patient bei Bewusstsein ist bis zum Schluss in Panik und Todesangst. Ein Mensch soll auch nicht alleine in der Stunde seines Todes sein, wenn er das nicht will. Wir müssen gerade dann den hilflosen Menschen schützen, seinen Anspruch auf Würde, auch auf einen würdigen Tod.

*KLUGE*

Dort haben wir noch ein weiteres existentielles Problem: die Triage, ursprünglich eine Frage im Krieg. Wen soll der Arzt im Feldlazarett retten, wenn ihm zu viele Verwundete gebracht werden? Alle Erkenntnisse dazu stammen aus der Militärgeschichte, den Feldzügen Napoleons, dem Krimkrieg, den Weltkriegen. Richtlinien für Militärärzte wurden festgelegt. Sie sind sonst überfordert. Wir sehen jetzt die Fernsehbilder weinender Ärzte in Italien, sie müssen Menschen sterben lassen.

*SCHIRACH*

Wir kennen die Probleme heute auch in Fällen von großen Busunglücken zum Beispiel, von Flugzeugabstürzen oder terroristischen Anschlägen. Der Notfallmediziner kennzeichnet die Überlebenden mit einem Farbstift oder einer Spraydose. Die Farben werden danach gewählt, wie schnell die Menschen behandelt werden müssen. Rot bedeutet sofort, dann geht es über orange, gelb, grün. Blau bedeutet »hoffnungslos« und schwarz tot. Solche Richtlinien sind hilfreich, aber nicht auf die heutige Situation ausgelegt. Angesichts der jetzigen Krise haben in Deutschland gerade sieben Fachgesellschaften – von Intensiv- und Notfallmedizinern bis zur Akademie für Ethik in der Medizin – Richtlinien erarbeitet.

*KLUGE*

Sie haben in Ihrem Theaterstück »Terror« einen Piloten der Bundeswehr entscheiden lassen. Ein Terrorist kapert ein Flugzeug und zwingt den Piloten, Kurs auf ein vollbesetztes Fußballstadion zu nehmen. Gegen den Befehl seiner Vorgesetzten schießt der Soldat das zivile Flugzeug ab. Er hat abgewogen: das Leben von 70.000 Menschen im Stadion gegen 100 Passagiere im Flugzeug. Die Zuschauer sind Schöffen in einem Gericht, sie urteilen darüber, ob der Pilot richtig gehandelt hat.

*SCHIRACH*

Der Arzt muss sich entscheiden. Stellen Sie sich vor, Sie stehen im Flur Ihres Krankenhauses und zwei Patienten werden in Betten hereingefahren, eine 92-jährige Dame mit ganz guten Aussichten und ein 21-jähriger Mann, der auch mit medizinischer Hilfe nur eine Chance von 25 Prozent hat, zu überleben. Beide Patienten müssen beatmet werden, sonst sterben sie sicher. Sie haben im Krankenhaus aber nur ein Beatmungsgerät. Was tun Sie? Sie haben grundsätzlich drei Möglichkeiten. Erstens, Sie losen, weil beide die gleichen Chancen bekommen sollen. Zweitens, Sie retten die ältere Dame, die die besseren Erfolgsaussichten hat. Oder, drittens, Sie versuchen den jungen Mann zu retten, weil er die längere Lebenserwartung nach der Heilung hat.

*KLUGE*

In Italien hat die fachmedizinische Gesellschaft SIAARTI gesagt, es solle auf die Länge der rettbaren Restlebenszeit abgestellt werden.

*SCHIRACH*

In dem Theaterstück »Terror« ging es auch um das Luftsicherheitsgesetz. Das Bundesverfassungsgericht urteilte damals, dass menschliches Leben »ohne Rücksicht auf die Dauer der physischen Existenz des Einzelnen gleichen verfassungsrechtlichen Schutz« genieße. Wir dürfen nicht nach Alter, Geschlecht, Religion oder irgendeiner anderen Idee, eben der Dauer der Restlebenszeit, entscheiden. Alle Patienten sind Menschen, es kommt nicht darauf an, *was* für Menschen das sind. Das Kriterium kann also nur die bessere Erfolgsaussicht sein. Im Detail wird es noch schwieriger. Was passiert, wenn sich nach ein oder zwei Tagen herausstellt, dass die Überlebenschancen der alten Dame schwinden? Nehmen wir ihr dann das Beatmungsgerät wieder weg, lassen sie sterben und retten so einen anderen Patienten?

*KLUGE*

Wie ist zu entscheiden?

*SCHIRACH*

In der Schweiz zum Beispiel soll alle zwei Tage eine Überprüfung der Erfolgsaussichten stattfinden. Und ja, wenn es unwahrscheinlich ist, dass die alte Dame überlebt, wird die Behandlung abgebrochen. Ein anderer Patient mit besseren Aussichten bekommt dann das Gerät. Ich halte das für kaum möglich, die Belastung der Ärzte ist viel zu groß, Menschen zerbrechen an solchen Entscheidungen. Es gibt noch viele weitere Probleme: Können Überlebenschancen tatsächlich sicher festgelegt werden? Was passiert, wenn zwei Patienten die genau gleichen Chancen haben? Sollen die Mediziner und das Pflegepersonal zuerst gerettet werden?

*KLUGE*

In Ihrem Theaterstück haben Sie den Richter zitiert, der 1842 über den Fall »Die Vereinigten Staaten gegen Holmes« urteilen musste. Holmes war der Steuermann eines Rettungsbootes nach einem Schiffsunglück. Das Rettungsboot war zu voll, alle würden untergehen. Holmes musste also festlegen, wer gerettet wurde und wer ertrinken musste.

*SCHIRACH*

Der Richter entschied, dass Holmes sich selbst retten darf. Er ist der Steuermann, ohne ihn haben die anderen eine viel schlechtere Überlebenschance. Es stimmt, der Retter muss natürlich zunächst gerettet werden. Das haben wir sogar in einem Gesetz einmal festgelegt. Bei der Influenza A, der sogenannten Schweinegrippe, sollte das Pflegepersonal den Impfstoff zuerst bekommen. Aber egal, wie klug Richtlinien sind: Die Pandemie wird für den Arzt, der die Triage durchführen muss, zu einer grauenerregenden seelischen Belastung. Sie ist das Gegenteil dessen, wofür er angetreten ist. Er heilt nicht, er entscheidet über den Tod.

*KLUGE*

Die Kanzlerin kann jetzt auch nicht zögern.

*SCHIRACH*

Es scheint die Stunde der Feldherrn zu sein. Niemand will, wie in New York, Tote mit Gabelstaplern abtransportieren oder, wie in Italien, Sterbenden den Beistand durch die Familie verwehren. Thukydides erzählt in »Der Peloponnesische Krieg«: »Wenn man aus Furcht nicht zu den Kranken gehen wollte, gingen diese verlassen zugrunde – ganze Häuser verödeten, weil es an Pflegern fehlte –; wenn man zu ihnen ging, erlag man selber, besonders also diejenigen, die ihre Tapferkeit zeigen wollten.« Es ist für Politiker eine furchtbare Zeit, ich bewundere, wie sie diesem Druck standhalten. In ihrem Podcast sagte die Bundeskanzlerin: »Wenn ich heute sehe, wie fast alle ihr Verhalten völlig umgestellt haben, wie die große Mehrheit von Ihnen wirklich jeden unnötigen Kontakt vermeidet, eben weil er auch ein Ansteckungsrisiko enthalten kann, dann möchte ich einfach sagen: danke, von ganzem Herzen danke.« Das hat mich sehr berührt. Sie weiß als ehemalige Bürgerin der DDR, was diese staatlichen Beschränkungen bedeuten. Man spürt ihr Ringen um das richtige Maß. Ihr Appell an die Freiwilligkeit und ihr Dank an die Bürger ist mir mehr wert als alle einschränkenden Gesetze und Verordnungen.

*KLUGE*

Eine Ausgangssperre kenne ich von 1945. Das ist eine Kriegsmaßnahme der Besatzungsmacht, der Belagerungszustand. Aber kommen wir noch einmal zurück auf die Grundrechte. Wenn ein Politiker sagt, dass man sich ansehe, ob sich das Volk wohl verhalte, und anderenfalls härtere Maßnahmen androht, dann ist das doch falsch, oder?

*SCHIRACH*

Ja, weil unsere Freiheitsrechte nicht auf Bewährung verliehen wurden.

*KLUGE*

Wie sind diese Abwehrrechte gegen den Staat entstanden? Die sogenannten »westlichen Werte«?

*SCHIRACH*

In normalen Zeiten glauben wir ja, diese »westlichen Werte« würden sich darin erschöpfen, dass wir im Supermarkt zwischen 146 verschiedenen Joghurtsorten wählen können. Oder dass es im Internet für jede erdenkliche sexuelle Verwirrung eine Plattform gibt. Oder dass wir Smartphones benutzen, die eine 100.000 Mal höhere Rechenleistung haben als das Computersystem der NASA zur Zeit der ersten Mondlandung.

*KLUGE*

Die Geschichte der Grundrechte reicht sehr weit zurück.

*SCHIRACH*

Ende des 11. Jahrhunderts streiten zwei Männer um die Macht in Europa. Papst Gregor VII. gilt heute als einer der bedeutendsten Päpste der Geschichte. Von seinen Zeitgenossen wird er »heiliger Satan« und »Höllenbrand« genannt, sie vergleichen ihn mit einem »reißenden Wolf«. Der andere Mann ist Heinrich IV. Sein Vater war der bedeutendste deutsch-römische Kaiser des Mittelalters, unter ihm wurde der Dom von Speyer zur damals größten Kirche der Christenheit ausgebaut, er alleine hatte vier Päpste eingesetzt. Als er starb, war der junge Heinrich fünf Jahre alt. Heinrich ist überzeugt, Gott selbst habe ihn zum Herrscher über die zivilisierte Welt gemacht, keine irdische Macht könne ihm deshalb etwas befehlen. Seine Gegner sehen in ihm einen Tyrannen, er sei das Böse schlechthin. Der Papst glaubt, nur er habe das Recht, Bischöfe ein- und wieder abzusetzen.

*KLUGE*

Gregor VII. schreibt ein Geheimpapier: Er, der Bischof von Rom, sei der alleinige und unbeschränkte Herr der Kirche.

*SCHIRACH*

Er dürfe sogar den Kaiser selbst absetzen. Der Streit der beiden Männer eskaliert bei der Frage, wer den Bischof von Mailand einsetzt. Der Papst erklärt, Heinrich habe sich mit »ungeheurem Hochmut« gegen die Kirche aufgelehnt und exkommuniziert ihn. Bischöfe auf der Seite Heinrichs nennen den Papst einen »falschen Mönch«. Zwischen den Parteien wäre es immer so weitergegangen, wenn sich nicht drei süddeutsche Fürsten gegen den geschwächten König gestellt hätten. Sie erklärten, Heinrich solle innerhalb eines Jahres den Papst um Vergebung bitten. Nur dann dürfe er weiter herrschen. Heinrich tobt, aber beugt sich, anders ist die Krone nicht zu retten. Er reist nach Italien.

*KLUGE*

Der Gang nach Canossa.

*SCHIRACH*

Der Papst wartet auf ihn. Die Einzelheiten sind ausgehandelt: Der König muss drei Tage und Nächte ohne Schuhe im Hof der Burg Canossa knien, er darf nur ein Hemd tragen und muss unter Tränen den päpstlichen Segen erbetteln.

*KLUGE*

Jede Chronik, die davon berichtet, ist parteiisch. Es gibt eine Magdeburger Version, eine Wormser Version, eine kaiserliche, eine päpstliche und eine Fülle von Versionen, die zwischen den Interessen vermitteln. Jeder schreibt etwas anderes. Wir wissen nur, dass es Winter ist, als der König ankommt, sehr kalt. Aber die Vermittlerin, die Markgräfin Mathilde von Tuszien, handelte klug.

*SCHIRACH*

Sie hatte gerade eine schreckliche Ehe mit »Gottfried dem Buckligen« hinter sich.

*KLUGE*

Dieses Knien des Königs vor dem Papst hat sich die Markgräfin ausgedacht. Sie zelebriert eine urrömische Erfindung, die Deditio. Wenn ein Wolf dem Rivalen die Schlagader, die Kehle darbietet, dann kann der Stärkere nicht mehr zubeißen. Ein Herrscher demütigt sich selbst und liefert sich dem Überlegenen aus. Dann darf er nicht mehr zusätzlich verfolgt und bestraft werden. Das ist eine hochzivilisierte Einrichtung, durch Rechtsprechung verfestigt. Es bedeutet öffentliches Ansehen für den, der Gnade walten lässt. Der Bann wird durch den Papst also aufgehoben.

*SCHIRACH*

Der Gang des Königs nach Canossa war eine brutale Demütigung, ein Niederringen der königlichen Herrschaft durch den Papst. Aber es war auch der Beginn der Trennung von Kirche und Staat. Erst dadurch wurde das freie Denken möglich. Rund 600 Jahre später lebt ein französischer Landadliger in einem kleinen Dorf, fünfzehn Kilometer von Bordeaux entfernt. Dieser Mann war in einem kirchlichen Internat aufgewachsen, er hatte Jura studiert, eine Zeit lang als Anwalt in Paris gearbeitet und war auf die Güter seiner Familie zurückgekehrt, nachdem sein Vater gestorben war. Er hatte das Amt des Präsidenten des Gerichts in Bordeaux geerbt. 1721 veröffentlicht er einen Roman: die »Perserbriefe«. Zwei reiche Perser besuchen Frankreich und schreiben ihre Eindrücke nach Hause. Sie berichten von den Verhältnissen dort, über die Religion und Gesellschaft, den Hof, die Sklaverei, und natürlich immer wieder auch über Sex. Die »Perserbriefe« werden beinahe über Nacht zu einem der erfolgreichsten Bücher Europas, sie sind ein Schlüsselwerk der Aufklärung. Die Anonymität des Autors fliegt schnell auf. Es ist Charles-Louis de Secondat, Baron de La Brède. Wir kennen ihn besser unter dem Namen Montesquieu.

*KLUGE*

Beschreiben Sie ihn einmal bitte. Was war er für ein Mann?

*SCHIRACH*

Er war das Gegenteil eines zerrissenen und selbstquälerischen Schriftstellers, der nur mit sich selbst beschäftigt ist. Montesquieu wurde von Privatlehrern erzogen, sein Schloss war von einem hübschen Wassergraben umgeben, es lag in einem Englischen Landschaftspark, und auf seinen Gütern wurde – damals wie heute – ein berühmter Wein angebaut. Montesquieu war wohlhabend, privilegiert und sich seiner gesellschaftlichen Position vollkommen sicher.

*KLUGE*

Ein ausgeglichener Mann in Sicherheit.

*SCHIRACH*

Einer, der Unordnung und Gewalt verabscheut. Ein unglückliches Leben, so sagt er an einer Stelle, entstehe durch zu hohe Schnelligkeit oder zu große Langsamkeit. Fast schon trivial. So einer, könnte man denken, wird sich nach dem enormen Erfolg der »Perserbriefe« zurücklehnen und nur noch als Winzer arbeiten. Aber er tat etwas völlig anderes. Er verkaufte das Richteramt und reiste vier Jahre durch Europa.

*KLUGE*

Die Bildungsreise. Engländer gehen damals entweder nach Frankreich oder Italien und kehren dann wieder zurück auf ihre Landgüter. Die Franzosen nehmen den umgekehrten Weg. In Italien gibt es als Bildungsreise den Piccolo Giro und den Gran Giro, das unterscheidet sich ein bisschen. Diese Wanderbewegung der Intelligenz ist etwas Neues. Man muss in der fremden Stadt empfangen werden. Man kommt mit Empfehlungsbriefen.

*SCHIRACH*

In England begeisterten John Lockes Ideen Montesquieu. Locke war der bedeutendste Staatstheoretiker seiner Zeit. Der Mensch, sagt Locke, habe ein natürliches Recht auf Leben, Freiheit, Glück und Eigentum. Vor allem aber, und diese Idee war neu und enthielt enorme Sprengkraft, habe er ein Widerstandsrecht gegen eine despotische Obrigkeit. Montesquieu kehrte auf sein Schloss zurück. Zunächst schrieb er über das Römische Reich, kein wirklich gutes Buch, aber eine Art Vorstudie für sein Hauptwerk: »Vom Geist der Gesetze«. Er arbeitete fast 20 Jahre daran. Er entwarf eine freie Gesellschaft, in der nur das *Recht* dem Bürger etwas vorschreiben dürfe. Voraussetzung dieser Freiheit ist, dass die richterliche Gewalt von der gesetzgebenden und vollziehenden getrennt werde. Er beschreibt also zum ersten Mal die Gewaltenteilung, auch wenn das Wort in seinen Büchern noch nicht vorkommt. Das Werk hat sein Leben verbraucht, am Ende konnte er seine Texte nur noch seiner Tochter diktieren, er war fast völlig erblindet.

*KLUGE*

Die Kirche verbietet das Buch sofort.

*SCHIRACH*

Ja, sie weiß, dass sie über eine freie Gesellschaft keine Macht mehr haben wird. Es nutzte nichts. 40 Jahre später wird in Amerika die »Declaration of Rights« und kurz danach die Unabhängigkeitserklärung unterzeichnet, in Frankreich wird die Erklärung der Menschenrechte verabschiedet. Die Prinzipien dieser großen Verfassungen beruhen auf Locke und Montesquieu. Es sind die Siege der Freiheit.

*KLUGE*

Der Freiheitsgedanke reist nach Amerika, als romanische Tradition, als Ideengebäude. Aber auch mit den Säulen, die heute vor dem Capitol stehen, die klassizistische Bauweise für Staatsgebäude verbreitet sich. Eine amerikanische Universität, ein Campus, wird wie das Castrum einer Legion gebaut, viereckig mit vier Eingängen und einem großen Hof.

*SCHIRACH*

Das Erstaunliche an den Erklärungen der Menschenrechte ist, dass sie nicht die Wirklichkeit wiedergaben. Es waren keine Kompromisse. George

Washington, der erste Präsident der Vereinigten Staaten, trug ein Gebiss aus Zähnen seiner Sklaven, auf seinen Plantagen waren rund 500 schwarze Zwangsarbeiter beschäftigt. Und in Frankreich regierte die Guillotine. Diese großen Manifeste der Menschheit waren also Zukunftsprogramme, sie verlangten eine Ordnung der Gesellschaft, die es noch nicht gab. Es waren Utopien.

*KLUGE*

*Ihre* Vorfahren waren zu dieser Zeit auch in Amerika.

*SCHIRACH*

Einer kämpfte in der Schlacht am »Bull Run«, verlor dort ein Bein und war eine der sechs Ehrenwachen am Grab von Abraham Lincoln. Ein anderer war der Besitzer einer Lokomotivenfabrik in Philadelphia und bürgte einmal mit seinem persönlichen Vermögen für die Schulden des Bundesstaates. Es gibt in der Familie auch einen der Gründerväter der USA, Arthur Middleton, der Urgroßvater meiner Urgroßmutter, ein interessanter Mann. Er studierte in England Recht und reiste lange durch Europa. Er wurde Anführer der American Party in Carolina, folgte seinem Vater im Kontinentalkongress und wurde so einer der Unterzeichner der Unabhängigkeitserklärung der USA. Wie George Washington war auch er Sklavenhalter, er besaß eine Reisplantage mit dem Namen »The Oaks«. Dennoch unterschrieb er 1776 die »Declaration of Independence«, die erklärte, jeder Mensch habe das Recht auf Leben, auf Freiheit und darauf, nach Glück zu streben.

*KLUGE*

Unser Gespräch, krisenbedingt über achthundert Kilometer hinweg, ist eine ungewöhnliche Konstellation. Unsere Vorfahren saßen um ein Feuer in einer Höhle, an den Wänden waren schon Malereien, Rhythmus spielte eine große Rolle.

*SCHIRACH*

Vielleicht hat das Café diese Feuerstelle ersetzt. Jetzt sind sie alle geschlossen. Aber in normalen Zeiten sitzt man dort, und um einen herum …

*KLUGE*

… schwirrt es …

*SCHIRACH*

... während man mit seinem Text beschäftigt ist. Man bekommt frischen Kaffee, und wenn man aufschaut, glaubt man, dass es irgendwie doch immer weitergehen wird. Der Laptop ist so wunderbar leicht und bequem, dass man ihn einfach mitnehmen kann. Man öffnet ihn und nach zwei, drei Minuten ist man wieder ganz zu Hause im Schreiben. Glücksmomente meiner Kindheit ähneln dieser Situation. Ich lag im Bett, die Tür stand offen, die Geräusche im Haus. Mein Vater schimpfte mit den Hunden unten in der Halle, irgendwas wurde durchs Haus getragen, Geschirr klapperte. Das Gefühl, beschützt im Bett zu liegen und trotzdem Teil des Lebens draußen zu sein.

*KLUGE*

Und ich sitze im Garten, fröstele in der Abendstunde und sehe im Haus durch den Wintergarten im Herrenzimmer die Eltern. Das Licht tröstet mich. Es ist nur ein Moment, dann bin ich wieder reingegangen, aber solche Momente sind in der Erinnerung feste Anker. Da erzählt die Erinnerung sich selbst etwas. Da drinnen ist Sicherheit, ich bin hier draußen nicht verloren.

*SCHIRACH*

Ja, es geht um Schutz und Trost. Im Café das Stapeln von Tassen hinter der Theke, das Gemurmel der Unterhaltungen, das Lachen einer Frau, die mit ihrem Liebhaber zwei Tische weiter sitzt, noch immer das Zeitungsrascheln. Das ist, wie das Schreiben, ein Zuhause.

*KLUGE*

Was tun Sie in diesen Zeiten?

*SCHIRACH*

Ich fahre nachts oft stundenlang durch das leere Berlin, diesen Anblick werde ich nie wieder vergessen. Die leeren Plätze, die dunklen Restaurants und Cafés, kaum Autos, manchmal ein Polizeiwagen, dann wieder Stille. In dem Film »Vanilla Sky« fährt Tom Cruise morgens durch das vollkommen ausgestorbene New York. So kommt es mir vor, ein seltsamer Wachtraum. Seit 30 Jahren gehe ich ja schon zum Frühstück ins Café, ich esse nie zu Hause. Jetzt habe ich das erste Mal versucht, Eier zu kochen. Es hat sofort furchtbar nach verbranntem Plastik gestunken. Der Mann vom Reparaturservice sagte dann, es seien noch die Transportsicherungen unter den Herdplatten gewesen – ich hatte in der Wohnung, in der ich seit 15 Jahren wohne, tatsächlich noch nie eine der Platten angeschaltet.

*KLUGE*

Ich empfinde mich mit allen anderen, die erzählen, verwandt. Unabhängig von den Zeiten. Einschließlich der Hugenottinnen, die bei Kassel den Brüdern Grimm die französischen Märchen erzählten, die dann als deutscher Märchenschatz gesammelt wurden. Das ist ja eine Grundsituation. Und da heißt es bei den Brüdern Grimm: »Als die Zeit kam, als die Ecken immer seltener wurden in den Häusern, in denen man noch erzählen kann«. Und ähnlich finde ich jetzt unsere Situation. Es entsteht eine Art Fern-Nähe eigener Art …

*SCHIRACH*

Die Menschen unterhalten sich am Telefon länger, man ruft auch jemanden an, mit dem man sonst nicht oft spricht. Diese erzwungene Distanz ist menschenfeindlich, weil wir nun mal soziale Wesen sind. Auch die Enge, in die Familien nun eingesperrt sind … Es darf nicht zu lange dauern, die Gewalt gegen Frauen und Kinder wird sonst schreckliche Ausmaße annehmen. Ich selbst nehme nicht an den sozialen Medien teil, Facebook, Instagram, Twitter – das alles ist mir unangenehm. Für mich persönlich ist es momentan nicht so schlimm, weil ich Distanz ganz gerne mag. Nur das Café und die Restaurants fehlen mir.

*KLUGE*

Ihre Haltung im Café ist auch eine der Ferne. Sie sitzen in einem Kokon, und ehrlich gesagt, ich habe Sie beobachtet, Sie sind auch nicht so leicht ansprechbar. Sie würden nervös reagieren, wenn da einer kommt und sagt »Guten Tag«. Was mich an Jürgen Habermas erinnert, er hat mich mal furchtbar erschreckt, er bereitete sich auf eine Vorlesung vor, ganz konzentriert, und ich Unglücksrabe spreche ihn an, reiße ihn aus der Konzentration. Es war, als ob ich ihn körperlich verletzt hätte, als ob ich reinritze in die Haut, in seine Konzentration. Also Sie sind jemand, der im Grunde unnahbar wirkt. Sie sind das Gegenteil eines Kumpels, würde ich sagen, in Umgangsformen.

*SCHIRACH*

In meinem Internat im Schwarzwald gab es um das Kloster herum eine Mauer, etwa zweieinhalb Meter hoch. Auf ihr habe ich einen großen Teil der Sommer verbracht, ein fantastischer Ort: einerseits mitten im Geschehen …

*KLUGE*

… andererseits abgegrenzt …

*SCHIRACH*

… und durch die Höhe beschützt. Das ist für mich heute auch immer noch die ideale Situation. Margrit Sprecher, die Schweizer Journalistin, sagte mir einmal, für alle Menschen, die schreiben, sei der beste Platz zwischen den Stühlen.

*KLUGE*

Ich glaube, dass das ganz wahr ist. Die besten Themen liegen zwischen allen Themen. Das noch nicht Geschriebene, das ist unser Arbeitsfeld.

München und Berlin,
Montag, der 30.03.2020
– nachmittags –

*KLUGE*

Manche Viren sind 3,5 Milliarden Jahre alt, sagt die Virologin Karin Mölling. Sie sind offenkundig Lebenspartikel, Bruchstücke von Intelligenz, Vorstufen oder Reste von Leben. In dreieinhalb Milliarden Jahren haben sie sich in nichts Ganzes verwandelt, sie sind als Teilstücke zufrieden. Virologen berichten jetzt täglich von ihrer Arbeit. Aber wie verhält sich die Literatur, was kann sie darüber erzählen? Erzählen tröstet.

*SCHIRACH*

1348 kam die Beulenpest nach Florenz, mehr als die Hälfte der Einwohner starben. Der italienische Dichter Giovanni Boccaccio berichtete davon. »Die Leichen [wurden] aufgehäuft wie die Waren in einem Schiff und von Schicht zu Schicht mit ein wenig Erde bedeckt, bis die Grube bis zum Rand voll war.« Er erzählt von dem Gestank, dem Siechtum und dem Ekel in der Stadt, aber das ist nur der Beginn seines »Decamerone«. Boccaccio lässt sieben Frauen – »keine von ihnen hatte das achtundzwanzigste Jahr überschritten, keine zählte weniger als achtzehn Lenze. Jede war verständig, jede schön von Gestalt, von reinen Sitten und von anständiger Munterkeit« – und drei junge Männer zu einem Landhaus in Fiesole aufbrechen. Sie bleiben 14 Tage. Dort ist es »viel erfreulicher als der Anblick der kahlen Mauern unserer Stadt«. An zehn Tagen erzählen sie sich Geschichten über die Liebe. Es sind 100 kleine, hinreißende, manchmal erotische Novellen. Sie haben recht, lieber Herr Kluge, Literatur ist keine Macht, aber so kann sie zum Trost werden.

*KLUGE*

Aus der Seuche entsteht etwas Neues.

*SCHIRACH*

Vielleicht ist es das Eigentliche auch an dieser Krise. Ein Vergleich liegt für mich nahe. 1755, am Allerheiligentag – dem 1. November –, erbebte die Erde in Lissabon. Es ist bis heute die größte Naturkatastrophe in Europa. Der Boden riss metertief auf, Brände brachen aus, die Überlebenden rannten zum Meer. Minuten später überrollte ein Tsunami die Stadt und riss Menschen und Gebäude mit sich. Was übrig war, brannte noch tagelang. Kleists »Das Erdbeben in Chili« ist inspiriert von Lissabon. Er schildert das so: »Hier stürzte noch ein Haus zusammen, und jagte ihn, die Trümmer weit umherschleudernd, in eine Nebenstraße; hier leckte die Flamme schon, in Dampfwolken blitzend, aus allen Giebeln, und trieb ihn schreckenvoll in eine andere; hier wälzte sich, aus seinem Gestade gehoben, der Mapochofluss auf ihn heran, und riss ihn brüllend in eine dritte. Hier lag ein Haufen Erschlagener, hier ächzte noch eine Stimme unter dem Schutte, hier schrien Leute von brennenden Dächern herab, hier kämpften Menschen und Tiere mit den Wellen, hier war ein mutiger Retter bemüht, zu helfen; hier stand ein anderer, bleich wie der Tod, und streckte sprachlos zitternde Hände zum Himmel.«

*KLUGE*

Am Morgen des Tages, an dem die Flutwelle, das Erdbeben und die durch das Unglück ausgelösten Feuerstürme Lissabon zerstören und fast 100.000 Menschen umbringen werden, zeigen sich alle Attribute eines schönen, hoffnungsfrohen Herbsttages. Auslöser der Katastrophe ist eine geologische Störung, etwa 200 Kilometer südwestlich im Ozean, wo sich die afrikanische Platte an der angrenzenden Gegenplatte reibt. Die Wirkung dieser Ursache trifft Portugal an mehreren Stellen. Der seismische Auslöser der Katastrophe weit draußen im Meer ist unsichtbar. Ein Geophysiker hat erforscht, dass es sich nicht um ein Erdbeben der Stufe 9, also einer extrem hohen Stufe, handelte, sondern um Erdstöße mit einer Stärke von 7,7 – eine Größenordnung, die auch in den folgenden Zeiten als Erdbeben noch mehrmals gemessen wurde. Nicht das Beben allein, sondern die Verkettung der Folgen war es, die das ungeheure Ausmaß der Zerstörung bewirkten.

*SCHIRACH*

Casanova sieht damals in Venedig, wohl nur mit dem inneren Auge, wie sich an diesem Tag über ihm die Bleiplatten in seinem Gefängnis bewegen. Auf dem Stechlinsee im Märkischen Land, so wird Theodor Fontane später erzählen, kräusle sich zu bestimmten Stunden, wenn in Java ein Vulkan ausbricht und Menschen sterben, die Oberfläche des

Sees. »Wenn's aber draußen was Großes gibt, wie vor hundert Jahren in Lissabon, dann brodelt's hier nicht bloß und sprudelt und strudelt, dann steigt statt des Wasserstrahls ein roter Hahn auf und kräht laut in die Lande hinein.«

*KLUGE*

Die Kette großer Erdbeben, zu denen das spektakuläre von 1755 gehörte, waren – im Unterschied zur Pandemie, die wir erleben – räumlich umgrenzte Ereignisse. Die Öffentlichkeit Europas, die darauf antwortete, war in das Geschehen nicht involviert. Sie blieb bloße Beobachterin. Was an einem Ort Europas geschah, hatte nicht den Horizont, dass es alle Teile Europas ergreifen könnte oder gar fremde Kontinente oder Subkontinente wie Afrika, Indien, China oder Amerika.

*SCHIRACH*

Damals wie heute ist die Krise die Stunde der Pragmatiker. Carvalho e Melo überlebte das Beben. Der Minister war ein ganz unsentimentaler, ein sehr harter Mann. Er soll gesagt haben: »Und nun? Beerdigt die Toten und ernährt die Lebenden.« An den Eingängen zur Stadt stellte er Galgen mit Gehängten auf, sie sollten Plünderer abschrecken.

*KLUGE*

Dieser aufgeklärte Kameralist, seit 1756 der oberste Minister im Königreich Portugal, in der Geschichtsschreibung nach seinem späteren Titel Marquês de Pombal genannt, machte sich schon am Tag nach der Katastrophe daran, durch seine Beamten ihre Ursachen erforschen zu lassen, ihre Folgen zu beseitigen, und er organisierte bereits den Neuaufbau. Noch im gleichen Jahr entstanden Modellbauten für die erdbebensichere Rekonstruktion der Unterstadt von Lissabon, die heutige Baixa: Die Bauten der ersten erdbebensicheren Stadt und der dadurch gesetzte architektonische Stil bezaubern uns noch heute. Dem Neubau geht die Einrichtung einer seismographischen Forschung voran, dieser die Bestandsaufnahme aller Erfahrungen, Einzelheiten und selbstkritischen Vorschläge – unter exzessiver Befragung aller Zeitzeugen. Die Qualität der Modellbauten wird getestet. Das geschieht durch den polternden Marschtritt von Armeeeinheiten, die um das Modellgebäude tagelang herummarschieren, aber auch durch alle Feinheiten geometrisch-mathematischer Berechnung. Das alles ist praktizierte Vernunft.

*SCHIRACH*

Lissabon war eine gottesfürchtige Stadt. Überall in Europa stellten die Menschen damals die Frage: Warum hat Gott das getan? Warum vernichtete er ausgerechnet diese Stadt? Warum tötet er die Menschen? Warum bringt er so viel Leid über uns? Gottfried Wilhelm Leibniz hatte 1710 sein Buch veröffentlicht: »Die Theodizee. Von der Güte Gottes, der Freiheit der Menschen und dem Ursprung des Übels.« Mit dem Erdbeben von Lissabon wurde die Frage drängend. Das Problem ist einfach und wurde schon von den Stoikern in Griechenland diskutiert: Warum hat ein allmächtiger und gütiger Gott das Böse in der Welt erschaffen? Warum müssen wir in dieser Welt leiden? Goethe, der ein Knabe war, als das Erdbeben von Lissabon stattfand, schrieb 50 Jahre später in »Dichtung und Wahrheit«: »Die Güte Gottes war einigermaßen verdächtig geworden«, und Stendhal formulierte: »Die einzige Entschuldigung Gottes ist, dass er nicht existiert.« Nietzsche hielt das übrigens für den besten Atheistenwitz.

*KLUGE*

Es gab keinen festen Grund mehr. Buchstäblich. Voltaire schrieb in seinem Gedicht über Lissabon, einem willkürlichen Gott gegenüber müsse die Menschheit den Krieg erklären.

*SCHIRACH*

Er war der meistgelesene Schriftsteller seiner Zeit. Und spätestens hier, durch das Erdbeben von Lissabon, wurde er zum Atheisten. Damit begann ein neues Zeitalter. Als 2010 in Deutschland eine Landesbischöfin und Ratsvorsitzende der evangelischen Kirche zurücktrat, zitierte sie aus einem Lied: »Du kannst nicht tiefer fallen / als nur in Gottes Hand.« Vor 1755 lebten die meisten Menschen in dieser Gewissheit: Gott beschützt mich, er fängt mich auf.

*KLUGE*

Was in Lissabon geschehen war, sprach gegen jede »Güte Gottes«. Voltaire, in seinem Pariser Domizil nicht direkt betroffen, fühlte sich dennoch »aufgereizt«. Eine Großstadt mit Hafen, tausend Jahre alt, darf nicht vom Meer und einer Erderschütterung so gnadenlos zerstört werden, solange es eine selbstbewusste Menschheit gibt.

*SCHIRACH*

Gott taugte als Baugrund nicht mehr. An seine Stelle wollte man jetzt die menschliche Vernunft setzen.

*KLUGE*

In Lissabon wird der Jesuitenorden verbannt, die Inquisition zurückgedrängt, ein Stück mentales Mittelalter als unbrauchbar kenntlich gemacht. Es ist nicht nur der schreibende Voltaire, es ist die organisierende Kraft des Praktikers Pombal, die dem Denken der Vergangenheit einen Spiegel vorhalten: Die Naturkatastrophe löst eine Wende aus, einen Aufbruch. Sie ist Katalysator im Prozess der Aufklärung.

*SCHIRACH*

Voltaire schickte sein Gedicht an einen anderen großen Intellektuellen seiner Zeit: Jean-Jacques Rousseau. Aber Rousseau wurde wütend, sein Glaube war beleidigt worden. Das Erdbeben in Lissabon habe nichts mit Gott zu tun, schuld seien die Menschen, die ihre Häuser falsch gebaut hätten. In »Émile oder Über die Erziehung« schreibt er: »Alles, was aus den Händen des Schöpfers kommt, ist gut; alles entartet unter den Händen des Menschen. [...] Er vermischt und verwirrt das Klima, Elemente und Jahreszeiten. [...] Nichts will er so, wie es die Natur gemacht hat, nicht einmal den Menschen.« Rousseau meint, der Mensch solle leben, wie die Natur es ihm vorschreibe. Natürlich macht sich Voltaire darüber lustig: »Niemand hat es mit mehr Geist unternommen, uns zu Tieren zu machen als Sie! Das Lesen Ihres Buches erweckt in einem das Bedürfnis, auf allen vieren herumzulaufen. Da ich jedoch diese Beschäftigung vor einigen sechzig Jahren aufgegeben habe, fühle ich mich unglücklicherweise nicht in der Lage, sie wieder aufzunehmen.« Die Auseinandersetzung um den gnädigen Gott und das richtige Leben erfasste nach und nach jeden Denkenden in Europa.

*KLUGE*

Voltaire fühlte seinen Körper altern. Der Alterungsprozess ist ein Sprössling der grausamen, gleichgültigen, ja intoleranten Natur. Der Tod, das war die Infamie! Insofern sah sich Voltaire (dessen Gebeine später in einem gloriosen Umzug ins Pantheon der Unsterblichkeit transportiert wurden) als »Feind der Natur«. Jetzt hatte diese Natur durch das Erdbeben und die gewaltige Flutwelle Lissabon, die reiche Stadt, in eine Wüste verwandelt. Hier »zeigte die Natur ihre Pranke«. Sie ist ein Monstrum, so notierte Voltaire ohne Verzug, eine Feindin des Menschengeschlechts. Er protestierte öffentlich gegen das »Verbrechen der Natur«. Wenn ich an Gott glauben könnte, schrieb er, wäre dies der Nachweis seiner Verbrechen. Dies schien Voltaire in der ersten Eile – die Welt wartete auf sein Wort – das Erfordernis: Ersetzung der unersättlichen Tyrannei der Natur durch einen Geniestreich der Zivilisation, durch Konstruktion, Revolution, Aufstand gegen die Natur, wie ihn Architekten und Handwerker bewirken können, die zum Beispiel Dämme bauen und eine herrliche Stadt wie Lissabon, so Voltaire, ohne weiteres um 400 Meter anheben könnten, indem sie feste Streben und Stützen errichten und damit einen solchen »städtischen Garten« in die Höhe verlegen, unerreichbar für ein Meeresunglück. Nun würde gerade ein solcher »Bau in die Höhe« nicht nur die Gefahr in sich bergen, dass die Menschen sich aufgrund eines derartig »vereinheitlichten«, »ehrgeizigen« Projekts, wie in Babylon, untereinander entzweien, sondern der Hochbau als Schutz gegen die Flut böte dem Erdbeben einen neuen Angriffspunkt. Festungsbau in einer die Menschheit schützenden Gestalt benötigte die Sicherung an mehreren Fronten.

*SCHIRACH*

Manche glauben, Rousseau sei in Wirklichkeit der Vorläufer der grünen Bewegung in unserem Jahrhundert gewesen. Nach über 200 Jahren habe er den Streit gegen Voltaire schließlich gewonnen. Der Mensch sei eben nicht Herr über die Natur, er habe sie vielmehr zerstört, und nun werde sie ihn zerstören. Tschernobyl, Fukushima, die Klimaerwärmung – das alles zeige es mehr als deutlich. Rousseau würde vermutlich auch erklären, dass die Virus-Krise letztlich Schuld des Menschen sei, der sich über Gott und die Natur stelle und in Urwälder eindringe. Es stimmt, Voltaire machte die Dinge groß, er war die strahlende Gestalt seiner Epoche, ein Menschenrechtsanwalt ebenso wie ein Finanzjongleur und Schwarzhändler. Rousseau dagegen war ständig im Kleinsten verfangen, gleichzeitig selbstquälerisch und eitel, bis zum Kitsch romantisierend und eifersüchtig. Er glaubte, nur er sei zum reinsten Gefühl in der Lage, nur er empfinde die tiefste Liebe. Abgesehen davon, dass mir Voltaires Menschlichkeit sehr viel sympathischer ist, leben wir in Wirklichkeit ja trotz aller Gefährdungen heute besser als alle Generationen vor uns. Im 19. Jahrhundert betrug die durchschnittliche Lebenserwartung etwa 40 Jahre, heute ist sie weltweit auf 71, in den entwickelten Ländern sogar auf 81 Jahre gestiegen. Damals starben ein Drittel der Kinder vor ihrem fünften Geburtstag; heute selbst in den ärmsten Ländern nur zehn Prozent. Das ist der Wissenschaft, und, wenn man so will, der Aufklärung zu verdanken – nicht einem gnädigen Gott. Aber natürlich: Der Gebrauch der Vernunft kann auch Leid bringen. Die Philosophen Horkheimer und Adorno schreiben in der »Dialektik der Aufklärung«: »Seit je hat Aufklärung im umfassendsten Sinn fortschreitenden Denkens das Ziel verfolgt, von den Menschen die Furcht zu nehmen und sie als Herren einzusetzen. Aber die vollends aufgeklärte Erde strahlt im Zeichen triumphalen Unheils. Das Programm der Aufklärung war die Entzauberung der Welt.« Entschieden ist dadurch nichts. Es geht, wie immer, um das richtige Maß, um die Mitte. Ob Gott gnädig ist oder nicht, ob es ihn gibt oder nicht – es spielt keine

Rolle. Es ist der Mensch, der Sinn fordert. Nur um ihn geht es, nicht um theologische und philosophische Begriffe.

*KLUGE*

Aus der Katastrophe erwächst etwas Neues. Durch die Pest im Florenz Boccaccios Leichtigkeit, durch das Erdbeben in Lissabon die Aufklärung. In der »Göttlichen Komödie« von Dante Alighieri heißt es am Schluss, wenn Vergil und Dante die Hölle wieder verlassen: »Und wir entstiegen aus der engen Mündung / Und traten vor zum Wiedersehn der Sterne.« Welche Sterne werden wir nach der Pandemie sehen?

*SCHIRACH*

Hier in der westlichen Welt haben wir geglaubt, wir seien sicher, unsere Welt sei sicher, der Staat, die Wirtschaft, die Kultur. Natürlich, es gab Kriege, Hunger, Elend, Finanzkrisen, Terrorismus, Diktatoren und andere Abscheulichkeiten …

*KLUGE*

… der Bombenkessel von Idlib in Syrien zum Beispiel …

SCHIRACH

... aber im Großen und Ganzen lebten wir doch in einer behüteten Welt. Jedes Jahr erschien ein neues iPhone, die Supermärkte waren voller Waren, die Zeitungen kritisch, Albernheiten konnten Politik, Zeitungen und Menschen eine ganze Woche beschäftigen – unsere Demokratie schien gefestigt. Uns schützten ein durchgestaltetes Recht und ordentlich funktionierende Gerichte. Fast war es wie in Stefan Zweigs »Die Welt von Gestern«: »Die Rechte, [...] waren verbrieft vom Parlament, der frei gewählten Vertretung des Volkes, und jede Pflicht genau begrenzt. [...] Jeder wußte, wieviel er besaß oder wieviel ihm zukam, was erlaubt und was verboten war. Alles hatte seine Norm, sein bestimmtes Maß und Gewicht.« Und jetzt plötzlich: Nichts stimmt mehr. Das, was wir für den sicheren Grund hielten, ist weggebrochen. Im Moment empfinden wir noch, trotz räumlicher Distanzierung, eine größere Nähe zueinander, es wird deutlich, wie sehr wir aufeinander angewiesen sind. Mitten in der Krise wird das Empire State Building in New York rot angestrahlt, das starke, pulsierende Herz einer Gemeinschaft. Unsere Welt begreifen wir im Moment als winzigen Planeten, als diesen kleinen blassblauen Punkt, der durch das All treibt. Wir müssen zusammenhalten. Aber: das ist noch der Ausnahmezustand.

*KLUGE*

Eine Belagerung durch das Virus. Belagerungszustand war der ursprüngliche Ausdruck, aus dem der Jurist Carl Schmitt exzessive Vollmachten für den Reichspräsidenten für den äußersten Notfall, im Grunde für den Fall eines Bürgerkriegs ableitete. »Souverän ist, wer über den Ausnahmezustand entscheidet.«

*SCHIRACH*

Ich glaube, das Virus hat uns an eine Zeitwende gebracht. Beides ist jetzt möglich, das Strahlende und das Schreckliche.

*KLUGE*

Zuerst das Schreckliche.

*SCHIRACH*

Am Karfreitag des Jahres 1588 wird im Südwesten Englands Thomas Hobbes geboren. Er ist der Sohn eines armen Dorfpfarrers und einer Bäuerin, wird früh zu einem Onkel geschickt – einem Handschuhmacher – und wächst dort auf. Der Junge ist außergewöhnlich klug, das merkt man sofort. Er darf am berühmten Magdalen College in Oxford studieren, mit 20 Jahren hat er das Studium abgeschlossen, ist zwei Jahre Hauslehrer und reist dann – er ist erst 22 – als Erzieher eines jungen Grafen das erste Mal durch Europa. Viele weitere Reisen folgen. Hobbes trifft Descartes in Frankreich und Galilei in Italien, er interessiert sich für Physik, Mathematik, Geschichte, Politik und vor allem für die Frage, wie eine Gesellschaft friedlich zusammenleben kann. Die Welt um ihn herum ist grauenhaft. Der französische König Heinrich IV. wird von einem Fanatiker ermordet, Giordano Bruno und Lucilio Vanini werden als Ketzer verbrannt, der Dreißigjährige Krieg bricht aus. England kämpft gegen Spanien, Schottland und die aufständischen Iren. 1640 beginnt die Revolution in England, zwei Jahre später steht das Land im Bürgerkrieg. Der König und das Parlament bekämpfen sich, die Gesellschaft ist tief gespalten. Am Ende verliert der König die Macht – und den Kopf. Bürgerkrieg, das bedeutet ja für den Einzelnen vor allem, dass das eigene Leben wertlos ist.

Hobbes flieht nach Paris. 1649, inzwischen ist er 61 Jahre alt, beginnt er sein wichtigstes Buch: »Leviathan oder Stoff, Form und Gewalt eines kirchlichen und bürgerlichen Staates«.

*KLUGE*

Auf dem Umschlag des Buches ist der Leviathan abgebildet. Er ist dort eine Herrscherfigur, eine große Person mit den Insignien der Macht. Sieht man genauer hin, ist diese Figur aus kleinen Menschen zusammengesetzt, im Leviathan sind sozusagen alle Menschen enthalten. Die wirklichen Menschen.

*SCHIRACH*

Hobbes hat den Krieg aller gegen alle erlebt. Er ist sich sicher, dass niemand die eigentliche Ursache solcher Kriege kennt, niemand weiß, wie Friede tatsächlich entsteht. Hobbes denkt pragmatisch, klar und frei. Wirkliches Wissen, sagt er, entstehe ja nicht durch das Lesen von Büchern, sondern durch Beobachtung der Wirklichkeit.

*KLUGE*

An die 100 Jahre später, in der Zeit der Aufklärung, als Sklaven aus Afrika die Zuckerplantagen auf Haiti bearbeiteten und der Zucker in komplizierten (aus Europa gelieferten) Maschinen raffiniert und als Luxusartikel nach England verschifft wurde, war in einem der Salons von Edinburgh eine große Schüssel mit den süßen Kristallen auf den Tisch gestellt worden. Der Philosoph David Hume strich den Nachmittag über um diesen Lustkübel herum und hörte nicht auf, sich Zuckerstücke in den Mund zu schieben. Das entsprach nicht der Erwartung, derentwegen er eingeladen war. Er trug zur Konversation nichts bei. Bis der Gastgeber, der auch um die Innereien des Philosophen fürchtete (damals galt Zucker in großen Mengen als Gift), das Gefäß mit den Süßigkeiten entfernen ließ. Jetzt erst begann Hume zu formulieren. Es ging um eine Widerlegung des Satzes von Thomas Hobbes: »homo homini lupus« – »Der Mensch ist dem Menschen ein Wolf«. Menschen seien grausamer und wesentlich ungeselliger als Wölfe, sagte Hume. Menschen unterscheide aber von Wölfen generell, dass sie zu keiner Einheitlichkeit ihres Charakters kämen. Vielmehr beruhe die Chance von Menschen darin, dass sie durch zwei disparate Fähigkeiten ausgezeichnet seien, die miteinander ringen würden. Das sei Wölfen unmöglich. Menschen (und keiner unterbrach Hume, der so konzentriert lehrte, wie er zuvor Zucker verzehrt hatte) verfügten nämlich über den »Blick des unparteiischen Beobachters« und – gegensätzlich dazu – über den zwingenden Impuls zur »Einfühlung in die Anderen«. Das seien zwei »Zangen des Gefühls«, welche die Welt zu fassen in der Lage seien, der Apparat der Erkenntnis also. Die Gesellschaft empfand Lust an den Ausführungen des Gelehrten, sie sahen seiner »Arbeit des Gedankens« zu. Unter den Gästen des Salons befanden sich Sklavenhändler, Physiker und Erfinder. Für ihre tägliche Praxis folgte aus Humes Einsichten nichts.

*SCHIRACH*

Das ist eine herrliche Geschichte, ich mag diesen Süßigkeiten essenden Hume inmitten von Sklavenhändlern. Er irrte allerdings, denn Hobbes glaubt auch, der Satz »homo homini deus« – »Der Mensch ist ein Gott für den Menschen« sei ebenso wahr. Es gelte beides.

*KLUGE*

Hobbes nimmt den Satz ernst, dass das Reich Gottes nicht von dieser Welt sei.

*SCHIRACH*

Er ist gläubig, aber er braucht keinen Gott mehr für seine Staatstheorie. Und so beginnen die modernen Staatswissenschaften. Das Mittelalter ist zu Ende, Gott verschwindet, der Mensch tritt an seine Stelle. Das gilt, anders als 1755 bei dem Erdbeben in Lissabon, zunächst nur für sehr wenige Menschen, schon das Lesen war ja nicht weit verbreitet. Aber das freie Denken beginnt jetzt von Neuem.

*KLUGE*

Das gilt auch für Galileo. Nur das Experiment – und nicht Gott – ist Quelle der Erkenntnis. Und auch bei Descartes ist es nicht mehr der Glaube, es ist die Vernunft. Gott ist jetzt abwesend, er fehlt. Der Mensch hat nach seinem Bild den Souverän geformt.

*SCHIRACH*

Der Leviathan, also der Souverän, ist größer als der einzelne Mensch. Er entsteht durch einen Vertrag der Menschen untereinander. Der Vertrag kann eine Versammlung sein, ein Gericht…

*KLUGE*

…es kann die Intelligenz von Gelehrten sein, es kann Schwarmintelligenz sein, es kann ein Naturereignis sein, das ist alles noch offen.

*SCHIRACH*

Dieser Vertrag der Menschen untereinander, der den Krieg aller gegen alle beenden soll, fordert auch etwas: Der Einzelne muss sein Schwert, seine Lanze, seine Armbrust abgeben. Er überträgt durch den Vertrag das eigene Recht zur Ausübung von Gewalt auf den Leviathan. Nur der Leviathan hat jetzt noch unumschränkte Gewaltbefugnisse. Im Gegenzug garantiert er den Menschen Sicherheit und Frieden.

*KLUGE*

Ohne Macht wäre er ein Popanz.

*SCHIRACH*

Mehr noch: wenn er die Macht verliert, stirbt der Leviathan. Er ist eben nur ein staatlicher Gott, ein verwundbarer, sterblicher.

*KLUGE*

Das ist eigentlich eine Ausmalung des Wortes »auctoritas«. Römische Kaiser regieren als Gutachter in schwierigen Rechtsfragen und als Verhinderer von Bürgerkrieg. Und das wird jetzt wieder aufgegriffen.

*SCHIRACH*

Es kommt etwas Neues dazu, neu zumindest in der Begründung. Als Bürger kann ich den König, den Leviathan, nicht anklagen, weil ich mich selbst damit anklagen würde. Und daraus folgt: Der Souverän kann niemals falsch handeln. Er kann noch nicht einmal kritisiert werden.

*KLUGE*

Das kommt also nicht mehr aus dem »heiligen Leib«, der Göttlichkeit, wie die Monarchen sich selbst erklären. Jetzt folgt es aus dem Vertrag der Menschen untereinander.

*SCHIRACH*

Der Vertrag gilt unbeschränkt. Nur wenn der Leviathan den Frieden nicht mehr gewährleistet, wird der Vertrag aufgehoben, das Recht ist verwirkt.

*KLUGE*

Ein guter Jurist orientiert sich an den Tugenden des Richters. Tugenden des Richters sind das Abwägen (das Gespür für Gleichgewicht, die Neigung, eher Unschärfe zu dulden, als eine Antwort abzuschneiden), zweitens das Gefühl für das Unwahrscheinliche, das Unglaubliche, die Ausnahme, die Besonderheit im Einzelfall und drittens die Klarheit der Entscheidung: die Lust am Ergebnis. Juristen oder Denker, die nur die dritte dieser Tugenden verstehen, nennt man Dezisionisten. Unter diesen einseitigen, absolutistisch Entschiedenen, ist Carl Schmitt einer der intelligentesten, einfühlsamsten, empfindlichsten. Seine Besonderheit liegt darin, dass er die beiden erstgenannten Tugenden des Richters vollkommen beherrscht, während er in seinem Verhalten ausschließlich und aus Prinzip nur die dritte der Tugenden gelten lässt. Er ist ein Entscheider, so wie die Qualität eines Henkers darin liegt, dass er den Hals mit einem Schlag von Kopf des Verurteilten trennt. So wie es Ernst Jünger sagt: »Das Mitleid des Henkers liegt im sicheren Hieb.«

*SCHIRACH*

Ich stimme Ihnen zu. Thomas Mann sagte über Jünger, er sei ein »eiskalter Wollüstling der Barbarei«. Das trifft auf Schmitt ebenso zu. Hobbes wollte Bürgerkriege verhindern, wie alle Menschen sehnte er sich nach einem Leben in Frieden. Aber die Folgen seiner Gesellschaftstheorie waren schrecklich – bis in die Moderne hinein. Am 1. Juli 1934 lässt Hitler Ernst Röhm, den Stabschef der SA, weitere Führungskräfte der SA und andere echte oder vermeintliche Gegner seiner Partei ermorden. Es sollen bis zu 200 Menschen gewesen sein.

*KLUGE*

Schon im Vorfeld wurde die Angst vor einem Putsch der SA in der Bevölkerung geschürt, ein erdachtes Bürgerkriegsszenario. Am 30. Juni erscheint es notwendig, dass Hitler in der Morgenfrühe mit einer kleinen Abteilung Bewaffneter zum Tegernsee reist, zu seinem einzigen Duz-Freund Ernst Röhm, und ihn umbringen lässt. Die Gesellschaft ist 1934 auf den vollen Faschismus, auf die volle Ausfüllung des Leviathan, noch nicht vorbereitet. Sie ist noch etwas zivilistisch, in ihrer Grausamkeit noch »ungeschickt«.

*SCHIRACH*

Zuerst kommen die üblichen Rechtfertigungen, zum Beispiel Röhm sei Päderast gewesen, man habe ihn deshalb töten müssen. Die Regierung erlässt ein Gesetz, das die Morde im Nachhinein als »Staatsnotwehr« rechtfertigt.

*KLUGE*

Hitler hält eine Rede: »Und es soll jeder für alle Zukunft wissen, dass, wenn er die Hand zum Schlag gegen den Staat erhebt, der sichere Tod sein Los ist.« Er begründet den Staatsnotstand.

*SCHIRACH*

Carl Schmitt schreibt daraufhin in der »Deutschen Juristen-Zeitung«, immer noch ein angesehenes Blatt damals, einen Aufsatz. Er trägt den Titel: »Der Führer schützt das Recht«. In diesem Aufsatz rechtfertigt Schmitt die Morde. Der Führer müsse unumschränkte Macht haben, um als Volkswille das Recht, die Macht, durchzusetzen.

*KLUGE*

Das ist der Leviathan in seiner schrecklichsten Form.

SCHIRACH
Schmitt war enorm gebildet, kalt und selbstgefällig. Vermutlich sind das die gefährlichsten Eigenschaften, wenn sie den Charakter eines sehr intelligenten Menschen prägen. Vor einem solchen Richter müssten wir Angst haben, Sie haben recht. Als Schmitt 1972 in Plettenberg-Pasel in einen Bungalow zieht, lässt er dort aus Bronze die Worte »San Casciano« anbringen. In Wirklichkeit liegt »San Casciano« in der Toscana. 1513 musste Niccolò Machiavelli mit seiner Familie auf dieses ererbte Landgut ins Exil gehen, nachdem die Medici ihn seines Staatsamtes und aller Ämter enthoben, verfolgt, verhaftet, ins Gefängnis geworfen und gefoltert hatten. Er schrieb dort sein Hauptwerk: »Der Fürst«. Das Buch beeinflusst Staatstheorien bis heute. Ein Haus in Plettenberg so zu nennen und sich mit Machiavelli zu vergleichen, na ja. Und, offen gesagt, wenn man ihn mit seinen wirklich großen Zeitgenossen vergleicht, mit einem Juristen wie Kelsen oder Philosophen wie Popper, Russell oder Wittgenstein, bleibt er ein Zwerg. Das Warme, die Freundlichkeit und Güte – das sind die Dinge, auf die es ankommt. Hohe Intelligenz und umfassende Bildung

bedeuten nichts, wenn sie nicht menschenfreundlich sind. Sie bleiben leer.

*KLUGE*

Was halten Sie davon, wenn der französische Präsident Macron sagt: »Wir sind im Krieg«?

*SCHIRACH*

Das sind wir nicht. Und wir müssen mit solchen martialischen Formulierungen aufpassen. Die Decke der Zivilisation ist dünn. Niemand hätte sich vor zwei Monaten vorstellen können, dass wir diesen Ausnahmezustand erleben. Es wird heute von manchen behauptet, das sei die Zeit der Exekutive. Das meint Macron wohl auch mit dem Begriff »Krieg«. Aber das ist falsch. Wir leben in Demokratien, wir haben eine Gewaltenteilung. Noch immer muss das Parlament entscheiden, und daran darf sich auch nichts ändern. Wir scheinen gerade zu erleben, dass es eine Art ungeschriebenen Notstand gibt – und 95 % der Bevölkerung stimmen dem zu. Das ist gefährlich. Noch scheint unsere Demokratie nicht gefährdet, die Kanzlerin ist eine besonnene Frau, die Politiker sind in ihren Anstrengungen glaub- und vertrauenswürdig, die

Maßnahmen sind zeitlich befristet. Aber es darf nicht zu lange dauern. Autoritäre Strukturen können sich verfestigen, die Menschen gewöhnen sich daran. Erosionen sind langsame Abtragungen, keine plötzlichen Ereignisse.

*KLUGE*

Ich dachte an die Demonstrationen 1968/69 gegen die Notstandsgesetze.

*SCHIRACH*

Das Grundgesetz wurde damals von der großen Koalition geändert, das stimmt. Aber das betrifft den Verteidigungsfall, also die Situation, dass das Bundesgebiet mit Waffengewalt angegriffen wird oder ein solcher Angriff unmittelbar droht. Auch wenn jetzt öfters von Krieg gesprochen wird – eine Pandemie ist natürlich etwas ganz anderes. Wie gefährlich eine solche Rhetorik ist, sehen Sie in Ungarn, um nur ein Beispiel zu nennen. Das Parlament dort hat Notstandsgesetze vor dem Hintergrund der Corona-Pandemie gebilligt. Ministerpräsident Orbán regiert während des Notstands allein, es finden auch keine Wahlen mehr statt. Wir müssen um die Gefahren wissen, wir müssen die

Theorien Carl Schmitts kennen, wir müssen uns vor dem Ruf nach dem Leviathan hüten. China darf niemals unser Vorbild werden. Die Dinge können kippen.

*KLUGE*
Es ist die Wahl zwischen Sicherheit und Freiheit.

*SCHIRACH*
Stellen Sie sich vor, dass Sie morgen nach New York fliegen wollen. Zwei Flugzeuge stehen dafür bereit. Um in das erste Flugzeug einsteigen zu können, müssen Sie sich sehr streng kontrollieren lassen. Ihr Gepäck wird durchleuchtet, Sie müssen sich ausziehen, Ihr Laptop wird geöffnet, die letzten E-Mails durchgesehen, Ihr Handy wird ausgelesen. Das Ganze dauert zwei Stunden. Das zweite Flugzeug können Sie ohne jede Kontrolle betreten. Welches Flugzeug wählen Sie? Tatsächlich werden die meisten Menschen das erste Flugzeug nehmen. Sicherheit ist uns näher als Freiheit. Das erklärt die hohe Zustimmung der Bevölkerung zu immer härteren Maßnahmen. Mich beunruhigt diese Tendenz.

*KLUGE*

Und die Sterne?

*SCHIRACH*

Vieles liegt auf der Hand. Wir werden, so ist zu hoffen, unsere Gesundheitssysteme verändern – der Applaus der Abgeordneten im Parlament für Pflegekräfte ist zwar schön, aber tatsächlich müssen wir ihre Arbeitsbedingungen grundlegend verbessern. Das gilt auch für andere »systemrelevante« Berufe. Katastrophenpläne werden vermutlich detaillierter und strenger werden. Und es wird natürlich einmal mehr eine Diskussion darüber geben, wie die Aufteilung der Kompetenzen zwischen Bund und Ländern sein soll, obwohl das gerade gut funktioniert. Ich glaube auch, dass wir die Globalisierung etwas zurückdrehen werden – kein Mensch kann verstehen, warum zum Beispiel unsere Antibiotika in Indien hergestellt werden müssen. Aber das ist nicht das Wesentliche. Vielleicht zum ersten Mal in der Geschichte der modernen Staaten haben wir gesehen, dass die Politik alles ermöglichen kann. Nie wieder wird deshalb ein Politiker zu einer jungen Frau sagen können, Klimaschutzmaßnahmen seien nicht zu verwirklichen, weil sie zu teuer sind, zu kompliziert oder die Gesellschaft zu sehr einschränken. Wir können offenbar alles, wenn Gefahr droht, das haben wir jetzt gelernt. Und warum sollten wir die Lehren nicht ins Positive wenden? Die europäische Idee wankt durch diese Krise. Die Solidarität zwischen unseren Ländern scheint es doch nur in guten Tagen zu geben. Aber wir können das ändern. Lassen Sie uns doch heute noch einmal so mutig sein wie die Verfassungsväter in Amerika. Wir könnten das Ruder herumreißen und uns endlich eine europäische Verfassung geben.

*KLUGE*

Der frühere Vorsitzende des Bundesverfassungsgerichts und Bundespräsident Roman Herzog hat das versucht. Er ist damit gescheitert.

*SCHIRACH*

Ja, weil es eine Verfassung war, die aus Kompromissen bestand. Er versuchte, die Interessen jedes Landes zu berücksichtigen. Ich meine etwas anderes, etwas viel Weitergehendes. Wir könnten heute neu über unsere Gesellschaft entscheiden – nicht wie sie ist, sondern so, wie wir sie uns wünschen.

Warum sollte zum Beispiel nicht jedem europäischen Bürger das Recht zuerkannt werden, dass seine Daten ausschließlich ihm selbst und keinem anderen – keinem Unternehmen, keiner Organisation und keinem Staat – gehören? Warum sollten wir nicht einen echten Anspruch der Menschen auf eine intakte Umwelt festschreiben? Und warum sollten wir nicht endlich ein für alle Mal festlegen, dass wirtschaftliche Interessen stets und an jedem Ort in dieser Welt hinter den universalen Menschenrechten zurücktreten müssen? Ist das naiv? Vielleicht. Aber wir haben gesehen, wozu unsere Länder in der Lage sind, wenn es darauf ankommt. Und solche Forderungen einer europäischen Verfassung sind tatsächlich nicht weniger utopisch als 1776 in Amerika zu erklären, jeder Mensch habe ab sofort das Recht auf Leben, auf Freiheit und darauf, nach Glück zu streben. Genau jetzt ist der richtige Zeitpunkt. Ist das nicht die eigentliche Aufgabe unserer Zeit? Würden wir damit nicht – nach der Barbarei des letzten Jahrhunderts – späteren Generationen etwas Strahlendes und Glückliches hinterlassen? Wären das, lieber Herr Kluge, nach dem Gang durch die Hölle, nicht Dantes Sterne?

Ferdinand von Schirach, geboren 1964 in München, Jurist, Dramatiker und Schriftsteller. Er lebt in Berlin. Seine letzten Bücher: »Strafe« und »Kaffee und Zigaretten«.

Alexander Kluge, geboren 1932 in Halberstadt, Jurist, Filmemacher und Schriftsteller. Er lebt in München. Von Alexander Kluge ist zuletzt erschienen das Buch »Russland-Kontainer«.

Von Ferdinand von Schirach und Alexander Kluge ist bei Luchterhand außerdem erschienen: »Die Herzlichkeit der Vernunft«.

Sollte diese Publikation Links auf Webseiten Dritter enthalten,
so übernehmen wir für deren Inhalte keine Haftung,
da wir uns diese nicht zu eigen machen, sondern lediglich auf
deren Stand zum Zeitpunkt der Erstveröffentlichung verweisen.

Dieses Buch ist auch als E-Book erhältlich.

MIX
Papier aus verantwortungsvollen Quellen
FSC® C014496
FSC
www.fsc.org

Verlagsgruppe Random House FSC® N001967

1. Auflage
Originalausgabe April 2020
Copyright © 2020 Luchterhand Literaturverlag, München,
in der Verlagsgruppe Random House GmbH
Neumarkter Str. 28, 81673 München
Umschlaggestaltung: buxdesign / Ruth Botzenhardt
Satz: Uhl + Massopust, Aalen
Druck und Einband: GGP Media GmbH, Pößneck
Alle Rechte vorbehalten.
Printed in Germany
ISBN 978-3-630-87658-0

www.luchterhand-literaturverlag.de
www.facebook.com/luchterhandverlag
www.twitter.com/luchterhandlit